백남준은요!

생일
1932년 7월 20일 (서울)

별명
장난꾸러기

좋아하는 것
사람들을 깜짝 놀라게 하기

싫어하는 것
남들과 똑같이 생각하기

잘하는 것
텔레비전 조립하기
팔꿈치로 피아노 치기

못하는 것
돈 계산하기

글 유계영

동국대학교에서 문예창작을 공부했습니다. 2010년 〈현대문학〉 신인상에 뽑혀 시인으로 활동하고 있습니다.
재미있는 이야기로 어린이들의 상상력을 키워 주는 어린이 책을 만들고 싶습니다.
쓴 책으로 〈거짓말은 무거워〉, 〈꼴찌라도 괜찮아〉, 〈찔레는 다 알아〉,
〈자유와 사랑을 노래해요-비틀즈〉 등이 있습니다.

그림 김선진

동덕여자대학교에서 서양화를 공부했습니다.
2002~2004년 서울일러스트 공모전, 출판미술협회 공모전에서 특선을 했으며, 여러 전시회를 열었습니다.
지금은 프리랜서로 동화 일러스트를 그리고 있습니다.
그린 책으로 〈베시가 1학년이 되었어요〉, 〈맛을 지휘하는 요리사〉, 〈호두까기 인형〉 등이 있습니다.

100인의 위인들 교과서 속 미술가를 꿈꾸는 아이 백남준
장난꾸러기가 만드는 예술 세상

글 유계영 **그림** 김선진
펴낸이 남선녀 **기획 편집** 하늘땅 모은영 정명순 최문주 신지원 **디자인** 하늘땅 박희경 진서윤
펴낸곳 한국차일드아카데미 **주소** 경기도 고양시 일산동구 은마길 77 **전화** 1588-6759
출판등록 2001년 1월 19일(제5-175호) **홈페이지** www.ekca.co.kr

ⓒ (주)한국차일드아카데미
※잘못된 책은 교환해 드립니다.
이 책은 저작권법에 의해 보호를 받는 저작물이므로 무단전재와 무단복제를 금합니다.
주의: 책이 딱딱하여 다칠 우려가 있으니 던지거나 떨어뜨리지 않도록 주의하십시오.

장난꾸러기가 만드는
예술 세상

글 유계영 그림 김선진

한국차일드아카데미

나, 백남준은 특별한 예술가야.
하루는 어떤 사람이 내 옷차림을 보고 거지 같다고 수군거렸지.
어떤 사람은 미친 사람 아니냐고 갸웃거리기도 했어.
나는 거지도 아니고 미친 사람도 아니야.
**단지 나는 특별한 공연을 좋아하는
장난꾸러기 예술가일 뿐이야.**

헝겊으로 만든 신발.
오래 걸어야 하니까 신발은 무조건 편해야 해.
게다가 나는 남들보다 발이 작거든.

나는 어려서부터 피아노 치는 것을 좋아했어.
피아노 앞에 앉아 있는데 번쩍 이런 생각이 들었어.
'왜 피아노는 손가락으로 또박또박 쳐야 할까?
뚱땅뚱땅 팔꿈치로 치거나
꼬물꼬물 발가락으로 칠 수도 있잖아.'
나는 팔꿈치와 발가락으로 피아노를 연주하다가
더 신나는 방법도 생각해 냈지.

"아이고, 시끄러워!"

"정신이 이상한 사람 아니야?"

"저녁을 잘못 먹었나?"

나는 쿵쾅쿵쾅 도끼로 피아노를 쳐 보았지.
'도레미파솔라시도'가 아니어도 상관없었어.
모든 소리는 음악이 될 수 있거든.
'맞아! 세상 모든 것을 가지고 나만의 예술을
만들어 낼 수 있는 거야.'

*백남준은 존 케이지의 영향을 받아 닭이 우는 소리, 깡통 구르는 소리와 같은 소음도 음악이 될 수 있다고 생각했어요. 그래서 피아노를 손으로 치는 것이 아니라 도끼로 부수는 것도 음악을 연주하는 것이라고 생각했지요.

"단단히 미친 사람이구먼!"

하지만 사람들은 내 공연을 보고 깜짝 놀랐지.
"엄마야!"
너무 놀라서 토끼처럼 눈을 동그랗게 뜨고 소리쳤어.
"아니! 저게 뭐 하는 짓이야?"
얼굴이 붉으락푸르락하면서 화를 내기도 했어.
그래도 나는 늘 새로운 공연을 하고 싶었어.
특별한 공연을 상상하면 늘 가슴이 두근두근 뛰었거든.

*백남준은 머리에 먹물을 흠뻑 묻혀서 하얀 종이 위에 글씨를 썼어요. 자기가 신던 구두에 물을 부어서 마시기도 했고요. 서양의 전통 음악을 상징하는 바이올린을 부수는 공연도 했지요.

나는 특별한 공연을 하는 예술가가 되었지.
내 피아노 공연을 보러 온 관객이
넥타이를 매고 있었어.
관객은 넥타이를 매서 불편했지만
억지로 참고 있는 듯 보였어.
그래서 나는 그 넥타이를 싹둑 잘라 버렸지.

관객의 머리에 샴푸도 부어 보았어.
공연장은 순식간에 난장판이 되었어.
나는 얼른 난장판이 된 공연장을 빠져나왔어.
그러고는 공연장으로 전화를 걸어 말했지.
"여러분, 공연은 모두 끝났습니다!"
어때? 내 공연 특별하지?

*1960년에 백남준은 〈피아노포르테를 위한 습작〉이라는 공연을 했어요.
 이 공연에서 관객석에 있는 존 케이지의 넥타이를 잘랐지요.

"재미있는 친구가 나타났군."

"저런, 몹쓸 젊은이구먼!"

'바로 이거야. 장난꾸러기 백남준다운 예술!'
나는 사람들과 왁자지껄 함께할 수 있는 공연이 좋았어.
관객의 넥타이를 자르고 머리에 샴푸도 부어서
관객들을 공연에 끌어들이는 거지.
나는 일 초도 따분하지 않은 공연,
아무도 심심해하지 않는 예술을 했어.

나는 좀 더 특별한 예술을 하고 싶었어.
그때 내 눈에 텔레비전이 들어왔지.
나는 사람들이 도란도란 이야기를 나누어야 할 시간에
텔레비전만 쳐다보는 게 마음에 들지 않았어.
사람들은 텔레비전이라는 마술 상자에 넋이 나가 있었지.
'사람들 모두가 좋아하는 텔레비전을 이용하면
입을 딱 벌릴 만한 멋진 공연을 할 수 있을 거야!'

나는 텔레비전을 이용한 비디오 아트라는
특별한 예술을 공연하기 시작했어.

쓱쓱 만지고 쿵 하고 밟으면 화면이 켜지는 텔레비전.
사람들이 하는 행동에 따라 화면이 바뀌는 텔레비전.
텔레비전을 쳐다보는 사람들의 모습이 화면에 나오는
텔레비전을 만들었어.
사람들은 내가 만든 '움직이는 그림'에 관심을 보였어.

*나무와 함께 텔레비전이 심겨 있는 작품은 〈텔레비전 정원〉이에요. 〈텔레비전 부처〉에서는 텔레비전 화면에 나온
자신의 모습을 부처 상이 바라보고 있지요. 백남준은 〈로봇 가족 삼촌〉이라는 작품도 만들었어요.

"이런 걸 비디오 아트라고 한다는군요!"

나는 사람들에게 좀 더 많은 것을 보여 주고 싶었어.
'바닷속을 헤엄치는 물고기들이 하늘을 날게 해 볼까?'
내가 어떻게 물고기에게 날개를 달아 주었을지 궁금하지?
비디오 아트라면 문제없었어.
그리고 나, 장난꾸러기 예술가 백남준이라면 어렵지 않았지.

"별난 행동이나 하고 다니는 괴짜인 줄 알았더니……."

나는 텔레비전 화면에 물고기가 나오게 했어.
그리고 천장에 텔레비전을 매달았지.
자, 어때?
물고기들이 하늘을 나는 것처럼 보이지?

나는 살아 있는 물고기에게 텔레비전 화면 속의
물고기 친구를 만들어 주기도 했지.

*〈비디오 물고기〉에서 백남준은 텔레비전 크기의 수족관을 만들어 물고기가
  헤엄쳐 다니게 했어요. 그 뒤에 텔레비전을 두어 화면에 전자 물고기가 나오게 했고요.
  사람들은 〈텔레비전 침대〉에 올라가 드러누워 보기도 했어요.

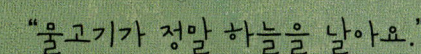

떤 게 진짜 물고기이고
떤 게 텔레비전 속
자 물고기야?"

"물고기가 정말 하늘을 날아요."

어떤 사람은 텔레비전이 모든 사람을 외톨이로 만들 거라고 말했지.
하지만 나는 텔레비전으로 전 세계 사람들을 하나로 모아 보기로 했어.
내가 어떻게 전 세계 사람들을 하나로 모았을까?

*영국의 소설가 조지 오웰은 텔레비전이 모든 사람을 외톨이로 만들 거라고 말했어요.
조지 오웰은 〈1984년〉이라는 소설에서 사람들이 텔레비전 화면을 통해 감시를 받고,
자유를 빼앗길 것이라고 썼어요.

이것도 비디오 아트라면 문제없었어.
그리고 나, 장난꾸러기 예술가 백남준이라면
어렵지 않았지.

나는 인공위성을 이용해 전 세계 여러 도시에서
같은 때에 공연이 시작되게 했어.
전 세계 사람들은 텔레비전으로
동시에 나의 공연을 보았지.
그러면서 함께 같은 것을 보고 느낄 수 있었어.
**더 이상 텔레비전은 사람들을
외톨이로 만들지 않았지.**

*1984년 1월 1일, 백남준은 세상 사람들에게 예술가들의 공연을 동시에 텔레비전 화면으로 보여 주었어요. 백남준은 조지 오웰과 생각이 달랐어요. 텔레비전으로 전 세계 사람들이 함께 어울려서 하나가 될 수 있다고 생각했어요. 이 작품은 〈굿모닝 미스터 오웰〉이라고 해요.

사람들은 특별한 생각을 하고
특별한 예술을 하는 나를 인정해 주었어.
장난꾸러기 백남준이
어떤 예술을 할지 궁금해했고,
장난꾸러기 백남준이 하는
특별한 공연에 박수를 쳐 주었지.

내가 세상을 떠나던 날,
친구들은 나에게 상상도 하지 못한 장난을 쳤어.
자기들 넥타이를 잘라서 내 관 속에 넣었던 거야.
내 친구들도 대단한 장난꾸러기들이지 뭐야!

**내 생각이 남들과 다르다고 눈치 볼 필요 없어.
너희들의 생각을 표현해 보렴.**
너희들도 특별한 공연을 하는
장난꾸러기 예술가가 될 수 있을 거야.

Title: An artistic world by a mischievous mind

#1
I, Nam June Paik, am a special artist.
One day, someone saw my clothes and whispered that I looked like a beggar.
Others wondered whether I was crazy.
I am not a beggar or insane.
I am just a mischievous artist who likes a special performance.

#2
I loved playing piano since I was a child.
Sitting in front of a piano, I suddenly thought,
'Why should a piano be played only with fingers?
I could just as easily bang on it with my elbows,
or play by wriggling my toes.'
I played the piano with my elbows and toes,
and thought of an even more exciting way.

I tried banging on the piano with an axe.
It didn't matter that it wasn't 'do-re-mi-fa-sol-la-ti-do.'
All sounds can become music.
'That's right! I can make my own art with everything in the world.'

#3
But people were startled when they saw my performance.
"Oh my!"
They were so surprised that they yelled out, with their eyes as big as a rabbit's.
"What! What does he think he's doing?"
They became angry, and their faces turned red.
Still, I always wanted to perform in new ways.
My heart pounded whenever I thought of a special performance.

#4
I became an artist who performs in special ways.
I thought the necktie of a man at one of my piano shows looked stuffy.
So I cut off his tie.

I poured shampoo on the head of another person in the audience.
The concert hall became a mess.
I hurried out of the chaotic hall.
Then I called the hall, and said,
"Ladies and gentlemen, the show is now over!"
What do you think? Isn't that special?

#5
'This is it. Art befitting the mischievous Nam June Paik!'
I liked performances I could share noisily with a crowd.
I could pull the audience into the performance,
by cutting off their neckties, or pouring shampoo on their heads.
I performed art that wasn't dull for a second,
where nobody had to feel bored.

#6
I wanted to create even more special art.
That's when I saw a television.
I didn't like that people were staring at the TV,
when they should be talking to each other.

People were hypnotized by this magic box.
'If I use televisions, which everyone likes, then I may be able to perform something to make their jaws drop.'

#7
I starting performing in a special way, called video art,
using televisions.
Televisions that grew bigger screens if they were touched and stomped upon.
Televisions that changed what they showed, depending on how people acted.
Televisions that showed the faces of people watching them.
I made televisions like these.
People became interested in my 'moving pictures.'

#8
I wanted to show people even more.
'Shall I let fish that swim in ocean fly through the sky instead?'
How did I put wings on fish?
It's no problem with video art.
And it's no problem for me, the mischievous artist Nam June Paik.

#9
I made the fish appear on television screens.
And then I hung the televisions from the ceiling.
What do you think? Doesn't it look like the fish are flying in the sky?

I also made new friends for living fish,
by introducing them to fish inside television screens.

#10
Some people said that television will make everyone lonely.
But I decided to gather everyone in the world through television.
How did I gather everyone in the world as one?
Again, it's no problem with video art.
And it's no problem for me, the mischievous artist Nam June Paik.

#11
Using satellites, I started a performance
at the same time in six cities across the world.
People all across the world saw my show at the same time, through television.
Through television, people could see and feel the same thing at the same time.
Television didn't turn people into loners any longer.

People recognized my special thoughts and special art.
They waited with anticipation for the next artistic performance from mischievous Nam June Paik,
and applauded mischievous Nam June Paik's special shows.

#12
When I died,
my friends played a prank on me that I couldn't have imagined.
They cut off their neckties and placed them in my coffin.
My friends were all mischievous, too!
There's no reason to be shy, just because you think differently from others.
Express what you think.
You can become mischievous artists, too,
creating your own special performances.

*이 책은 백남준 스튜디오의 저작권 허락을 받고 진행되었으며,
스튜디오의 요청으로 영문 원고를 함께 실었습니다.